GIACOMO CANOBBIO

OBISPOS
Y PRESBÍTEROS
EN UNA IGLESIA
SINODAL

Aporte pastoral:

LUCA GARBINETTO

CELAM
CONSEJO EPISCOPAL
LATINOAMERICANO Y CARIBEÑO

Editorial
Claretiana

PUBLICACIONES
CLARETIANAS

CLARET
PUBLISHING GROUP

Bangalore • Barcelona • Buenos Aires • Chennai • Colombo
Dar es Salaam • Hong Kong • Lagos • Madrid • Macao • Manila
Owerri • São Paulo • Warsaw • Yaoundè

Dirección de colección: Serena Noceti y Rafael Luciani
Diseño de interior y tapa: Equipo Editorial Claretiana

Con las debidas licencias eclesiásticas.

© Consejo Episcopal Latinoamericano y Caribeño CELAM
   Avenida Boyacá N.° 169D-75 - Código postal 111166
   PBX: 601 484 5804
   celam@celam.org - www.celam.org

© Editorial Claretiana, 2024
   EDITORIAL CLARETIANA
   Lima 1360 – C1138ACD, Ciudad de Buenos Aires, Argentina
   Tel.: (54 11) 4305-9510 – contacto@claretiana.org – www.tiendaclaretiana.com.ar

© Publicaciones Claretianas, 2025
   Juan Álvarez Mendizabal, 65 dupdo, 3°, 28008 Madrid, España
   Tel.: 915 401 267 – publicaciones@publicacionesclaretianas.com
   comercial@publicacionesclaretianas.com – www.publicacionesclaretianas.com

ISBN: 978-84-7966-812-9
Depósito Legal: M-3949-2025

Impreso en España - Printed in Spain
Imprime: Estugraf

ÍNDICE

ÍNDICE DE SIGLAS

CTI, *Sin* Comisión Teológica Internacional,
La sinodalidad en la vida y en la misión de la Iglesia

DP   Documento preparatorio del Sínodo 21/24

QA   Querida Amazonia

EG   *Evangelii gaudium*

UR   *Unitatis redintegratio*

LG   *Lumen gentium*

AAS *Acta Apostolicae Sedis*

Ag   *Ad gentes*

AS   *Acta Synodalia Vaticano II*

DV   *Dei Verbum*

CD   *Christus Dominus*

EN   *Evangelii nuntiandi*

ApS *Apostolos suos*

AA   *Apostolicam actuositatem*

EC   *Episcopalis communio*

INTRODUCCIÓN
A LOS CUADERNILLOS DE SINODALIDAD

Escanea este código QR para conocer más acerca de la colección.

Desde el inicio de su pontificado, el papa Francisco convocó a la Iglesia a seguir un camino de renovación y reforma misionera y sinodal. Trabajando primero con cambios en la práctica de la celebración de los Sínodos de los Obispos, y luego ofreciendo motivaciones y orientaciones en discursos y documentos, particularmente en la constitución *Episcopalis communio*, nos invita a madurar una visión sinodal de Iglesia, porque "el camino de la sinodalidad es el camino que Dios espera de la Iglesia del tercer milenio"[1].

En 2021 se inició un complejo y articulado proceso sinodal: un Sínodo sobre la Sinodalidad que —a partir de la escucha en las diócesis de todo el mundo y a través de una fase continental y dos asambleas en Roma— está implicando a todos los fieles y a todas las iglesias locales del mundo[2].

El *Informe de síntesis* de la Asamblea sinodal de octubre de 2023 incluye entre sus peticiones la de llegar a una definición más precisa de la sinodalidad. En efecto, los estudios realizados desde la década de 1990 y los numerosos publicados en los últimos diez años presentan diferentes maneras de entender el concepto de "sinodalidad" y hacen hincapié en distintos elementos y perspectivas a la hora de pensar en la "Iglesia sinodal". Como señalan muchos autores, el término "sinodalidad" no pertenece al vocabulario del Concilio Vaticano II ni está presente en el Código de Derecho Canónico de 1983.

El documento de 2018 de la Comisión Teológica Internacional *La sinodalidad en la vida y misión de la Iglesia* nos ofrece una visión de conjunto del tema, dividida en cuatro partes, dedicadas respectivamente al tema en la Escritura, la Tradi-

---

1. FRANCISCO, *Discurso con motivo de la Conmemoración del 50 aniversario de la Institución del Sínodo de los Obispos*, 17 de octubre de 2015: AAS 107 (2015) 1139.

2. Todos los materiales están disponibles en <www.synod.va>.

ción y la Historia (primera parte); a los fundamentos teológicos en el horizonte de la eclesiología del Vaticano II (segunda parte); a las orientaciones pastorales para la realización de una pastoral sinodal y para la necesaria conversión y espiritualidad (partes tercera y cuarta). Este documento constituye un valioso punto de referencia para todos, para los teólogos, para los obispos y presbíteros, para todos los bautizados y bautizadas que emprenden este laborioso y valioso camino sinodal. En los últimos años se han publicado numerosos textos teológicos, libros y artículos en muchas lenguas dedicados al tema de la sinodalidad, que han permitido profundizar en cuestiones históricas, litúrgicas y pastorales. Cada vez es más necesario profundizar en este tema no solo con textos científicos, dirigidos a expertos, sino con subsidios ágiles y populares que ayuden a todos a ser sujetos activos en el camino; como decía Ignacio de Antioquía en el siglo II, para que todos sean *synodoi*, es decir, "compañeros de viaje, en virtud de su dignidad bautismal y amistad con Cristo"[3].

Así surgió la idea de los *Cuadernillos de Sinodalidad*: ofrecer libros breves, escritos por expertos, que combinen una reflexión teológico-sistemática esencial sobre distintos aspectos de la sinodalidad con sugerencias operativas, para la reflexión personal y la renovación pastoral, que permitan "llegar a ser una Iglesia sinodal". En efecto, para comprender lo que significa ser una "Iglesia sinodal" no basta con aprender teóricamente, con leer documentos o manuales, sino que es necesario implicarse activamente y aprender *en la praxis* y *desde la reflexión sobre la praxis* en qué consiste, qué implica y, en definitiva, qué significa la sinodalidad.

La perspectiva adoptada es la de una "iniciación a la sinodalidad". En la iniciación cristiana de los adultos, junto al *camino del conocimiento y la comprensión de la doctrina*, de los contenidos de la fe, los catecúmenos son conducidos a "hacerse cristianos" siguiendo el *camino de la oración* (aprender el lenguaje litúrgico experimentándolo), el *camino de la vida comunitaria* y el *camino del servicio del amor*, que está en el corazón de la conversión moral. Del mismo modo, después de recibir los sacramentos de la iniciación cristiana, en el tiempo de la *mistagogía* se comprende profunda y vitalmente lo que ha tenido lugar porque se vive un período de "aprendizaje", en el que la novedad que ha generado el sacramento llega a confrontarse con la vida concreta y con la Palabra de Dios que la ilumina. Llegar a ser "Iglesia sinodal" requiere una "iniciación a la sinodalidad" que implica

---

3. Comisión Teológica Internacional, *La sinodalidad en la vida y la misión de la Iglesia*, nº 25.

a cada cristiano y a las comunidades en su conjunto: es una experiencia que hay que vivir y una experiencia sobre la que hay que reflexionar. Uno se convierte en *sýnodoi* y en "Iglesia sinodal" si vive de esta manera, convirtiéndose cada vez más profundamente a esta perspectiva y transformando nuestras comunidades en esta dirección. Se llega a ser sinodal construyendo comunidades sinodales: la conversión, la renovación y la reforma están estrechamente relacionadas; no hay una sin la otra. No se trata solo de tener buenas ideas sobre la sinodalidad para aplicarlas; maduran en la medida en que se viven y se apoyan en estructuras y formas organizativas adecuadas.

Por eso, cada *Cuadernillo de Sinodalidad* se divide en dos partes:

» un tratamiento del tema ("Pensar - Comprendiendo la sinodalidad") que iden-tifica hitos, recogiendo lo que han escrito biblistas, teólogos, pastoralistas, que examina retos y cuestiones abiertas y los aborda a la luz de la Escritura y de los documentos del Magisterio;

» una parte ("Iniciación a la sinodalidad") que ofrece propuestas concretas en tres líneas interconectadas: *conversión* sinodal (una propuesta de reflexión y oración a realizar personalmente), *renovación* eclesial en perspectiva sino-dal (una propuesta de experiencia a vivir en una comunidad, parroquia, etc.) y *reforma* sinodal (una o dos propuestas para crear o cambiar estructuras pastorales de modo que sean real y efectivamente sinodales).

En la lógica de la "iniciación a la sinodalidad", en los Cuadernillos se profundizará acerca de los *sujetos*, las *dinámicas* dentro de una Iglesia sinodal y las *estructuras* necesarias. El primer Cuadernillo (nº 0), redactado por los dos editores Rafael Lu-ciani y Serena Noceti, ofrece una visión general del tema de la sinodalidad.

Cada cuadernillo puede ser leído-utilizado por sí mismo, o puede formar parte de un itinerario formativo, "iniciático", para una comunidad religiosa, una parroquia, una diócesis, uniendo varios cuadernillos según las diferentes sensibilidades o necesidades pastorales de una comunidad cristiana. Por ejemplo, una parroquia podría crear un itinerario uniendo los *Cuadernillos* sobre los laicos, sobre el *sensus fidei* y la participación, sobre la parroquia sinodal; un consejo presbiteral podría en-contrar útil reflexionar sobre el ministerio ordenado, sobre el poder y la autoridad, sobre el seminario o sobre la reforma del derecho canónico, etc.

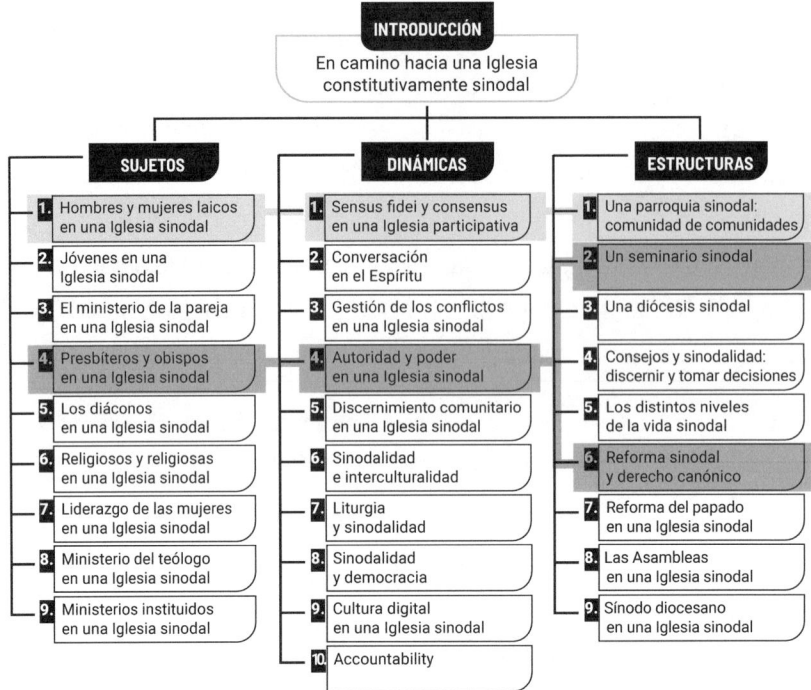

INTRODUCCIÓN
En camino hacia una Iglesia constitutivamente sinodal

SUJETOS

1. Hombres y mujeres laicos en una Iglesia sinodal
2. Jóvenes en una Iglesia sinodal
3. El ministerio de la pareja en una Iglesia sinodal
4. Presbíteros y obispos en una Iglesia sinodal
5. Los diáconos en una Iglesia sinodal
6. Religiosos y religiosas en una Iglesia sinodal
7. Liderazgo de las mujeres en una Iglesia sinodal
8. Ministerio del teólogo en una Iglesia sinodal
9. Ministerios instituidos en una Iglesia sinodal

DINÁMICAS

1. Sensus fidei y consensus en una Iglesia participativa
2. Conversación en el Espíritu
3. Gestión de los conflictos en una Iglesia sinodal
4. Autoridad y poder en una Iglesia sinodal
5. Discernimiento comunitario en una Iglesia sinodal
6. Sinodalidad e interculturalidad
7. Liturgia y sinodalidad
8. Sinodalidad y democracia
9. Cultura digital en una Iglesia sinodal
10. Accountability

ESTRUCTURAS

1. Una parroquia sinodal: comunidad de comunidades
2. Un seminario sinodal
3. Una diócesis sinodal
4. Consejos y sinodalidad: discernir y tomar decisiones
5. Los distintos niveles de la vida sinodal
6. Reforma sinodal y derecho canónico
7. Reforma del papado en una Iglesia sinodal
8. Las Asambleas en una Iglesia sinodal
9. Sínodo diocesano en una Iglesia sinodal

_____
(*) Ejemplos de "itinerarios formativos" para distintas comunidades/realidades eclesiales.
En este caso, para una parroquia y para un consejo presbiteral.

La propuesta de los *Cuadernillos* pretende conjugar un tratamiento orgánico de las cuestiones y temas más relevantes para ofrecer una visión lo más completa posible de la materia, con la flexibilidad y sencillez de uso: cada consejo pastoral, cada párroco, cada obispo, cada superior religioso puede encontrar sugerencias y materiales que respondan y se adecuen a las necesidades específicas y diversas de la comunidad de la que son animadores y responsables.

Como nos recuerda el documento de la Comisión Teológica Internacional sobre la sinodalidad, citando al papa Francisco,

> Caminar juntos [...] es el *camino constitutivo de* la Iglesia; *la figura* que nos permite interpretar la realidad con los ojos y el corazón de Dios; *la condición* para seguir al Señor Jesús y ser servidores de la vida en este tiempo herido. El aliento y el paso sinodal revelan lo que somos y el dinamismo de comunión que anima nuestras decisiones. Solo en este horizonte podremos renovar verdaderamente nuestra pastoral y adaptarla a la misión de la Iglesia en el mundo de hoy; solo así podremos afrontar la complejidad de este tiempo, agradecidos por el camino recorrido y decididos a continuarlo con *los feligreses* (n. 120).

Serena Noceti - Rafael Luciani

PRIMERA PARTE
OBISPOS Y PRESBÍTEROS EN UNA IGLESIA SINODAL

Escanea este código QR para conocer más acerca de este Cuadernillo.

INTRODUCCIÓN

La tradición occidental registra una larga serie de sínodos provinciales y diocesanos en los que participaron obispos y presbíteros, rara vez laicos[4]. La razón de esta reserva residía en la convicción de que solo pueden legislar quienes han recibido el sacramento del orden y están dotados de *sacra potestas*. Las prácticas conciliares también reflejaban este punto de vista, restringiendo normalmente a los obispos la participación en los concilios reconocidos posteriormente como ecuménicos.

El establecimiento del Sínodo de los Obispos por Pablo VI con la carta apostólica *Apostolica sollicitudo* (15 de septiembre de 1965) va en esta misma dirección. Los sínodos celebrados después del Vaticano II mantuvieron esta reserva, al menos hasta los últimos años, cuando la reconfiguración del Sínodo de los Obispos por el papa Francisco planteó la cuestión de la función específica de los ministros ordenados en las asambleas sinodales.

---

4. Cf. G. Canobbio, "Tradizione e pratiche sinodali in Occidente", *Teología* 48 (2023) 15-61.

Como telón de fondo de la reconfiguración, que apareció visiblemente en particular durante la primera sesión del Sínodo 2023-2024 cuando obispos, presbíteros, religiosas y laicos se sentaron alrededor de las mismas mesas en el Aula Nervi del Vaticano, está la visión eclesiológica del Vaticano II, según la cual todos los fieles son sujetos activos en la edificación de la Iglesia y en la realización de su misión[5]. En la exhortación apostólica *Evangelii gaudium* (24 de noviembre de 2013), Francisco, refiriéndose precisamente a la doctrina conciliar, ya había afirmado al inicio de su pontificado que todos los fieles son discípulos misioneros (cf. nn. 119-121). En consecuencia, si el Sínodo en sus diversas formas tiene la finalidad de trazar el camino de las iglesias y de la Iglesia en su conjunto, todos los fieles pueden/deben estar representados en las asambleas en las que se deciden los caminos de la misión[6]. Ante esta afirmación, aparece ineludible la cuestión de la diferencia entre los ministros ordenados y todos los demás fieles en la construcción de las decisiones que debe aplicar el Sínodo.

Se podría resolver la cuestión diciendo que hay diferencia entre la construcción de las decisiones (*decision making*) y la toma de decisiones (*decision taking*) y, por tanto, si todos los participantes en el sínodo contribuyen a preparar la decisión, al final son solo los ministros ordenados los que deciden, entre ellos en particular el obispo —si se trata de un sínodo diocesano— y el Papa —si se trata de un sínodo universal—[7].

Esta solución preserva tanto la reserva de la *sacra potestas* a los ministros ordenados como la figura del sínodo como lugar de escucha y no de decisión. Ambos aspectos se mantienen unidos, como ilustró el papa Francisco en su discurso del 17 de octubre de 2015, con motivo del 50º aniversario de la ins-

---

5. Cf. LG 32.

6. Cf. Constitución apostólica *Episcopalis communio* (15 de septiembre de 2018), especialmente n. 7 y art. 12.

7. Cf. COMISIÓN TEOLÓGICA INTERNACIONAL, *La sinodalidad en la vida y en la misión de la Iglesia* (2 de marzo de 2018), n. 69. Conviene recordar que esto no se aplica a los concilios particulares, que según el canon 445 "tiene potestad de gobierno, especialmente legislativa, de modo que puede decidir, con sujeción siempre a la ley universal de la Iglesia, lo que es oportuno para el incremento de la fe, ordenar la actividad pastoral común; regular las costumbres y conservar, introducir y defender la disciplina eclesiástica común". Se trata aquí de un tema colectivo. Según el canon 443, también pueden ser convocados otros fieles, con solo voto consultivo (cf. §§ 3-6).

tauración del Sínodo de los Obispos por el papa Pablo VI[8]. Francisco utilizó en aquella ocasión la imagen de la pirámide invertida[9], cuya cúspide se encuentra en la base, para decir que la escucha de todos los fieles lleva después a la autoridad de la Iglesia a decidir tras recoger la opinión de todos los participantes. De este modo se revalorizaría el *sensus fidei* de todos los fieles, sin menoscabo del papel de la autoridad.

La cuestión se traslada, sin embargo, a la relación entre los ministros ordenados y los demás fieles, y en nuestro caso a la relación entre obispos y presbíteros.

---

8. "Una Iglesia sinodal es una Iglesia de la escucha, sabiendo que escuchar 'es más que oír'. Es una escucha mutua en la que cada uno tiene algo que aprender. Pueblo fiel, Colegio episcopal, Obispo de Roma: unos escuchan a los otros; y todos escuchan al Espíritu Santo, 'Espíritu de verdad' (Jn 14,17), para saber lo que 'dice a las iglesias' (Ap 2,7). El Sínodo de los Obispos es el punto de convergencia de este dinamismo de escucha realizado en todos los niveles de la vida de la Iglesia. El camino del Sínodo comienza por la escucha del Pueblo, que 'participa también de la función profética de Cristo', según un principio muy querido por la Iglesia del primer milenio: '*Quod omnes tangit ab omnibus tractari debet*'. El camino del Sínodo continúa escuchando a los pastores. A través de los Padres sinodales, los obispos actúan como auténticos custodios, intérpretes y testigos de la fe de toda la Iglesia, que deben saber distinguir cuidadosamente de las corrientes, a menudo cambiantes, de la opinión pública".

9. "Jesús constituyó la Iglesia colocando en su cúspide el Colegio apostólico, en el que el apóstol Pedro es la 'roca' (cf. Mt 16,18), el que debe 'confirmar' a los hermanos en la fe (cf. Lc 22,32). Pero en esta Iglesia, como en una pirámide invertida, la cúspide está por debajo de la base. Por eso, los que ejercen la autoridad se llaman 'ministros': porque, según el sentido original de la palabra, son los más bajos de todos. Sirviendo al pueblo de Dios, cada obispo se convierte, para la porción del rebaño que le ha sido confiada, en *vicarius Christi*, vicario de aquel Jesús que en la Última Cena se inclinó para lavar los pies a los apóstoles (cf. Jn 13,1-15). Y, en tal horizonte, el mismo Sucesor de Pedro no es otro que el *servus servorum Dei*".

1. EL SÍNODO:
AYUDA AL PAPA Y AL OBISPO

Antes de abordar esta cuestión, hay que hacer una observación sobre la figura del sínodo universal, que es también el modelo de los sínodos locales, al menos según la práctica habitual de la Iglesia occidental. Pablo VI había instituido el Sínodo de los Obispos como ayuda al Papa en el ejercicio de su ministerio universal. El Concilio, anteriormente, llamó en el decreto *Christus Dominus* nº 5 a que:

> Una colaboración más eficaz al pastor supremo de la Iglesia pueden prestarla, en las formas establecidas o que establezca el mismo Romano Pontífice, los obispos elegidos de las diversas regiones del mundo, reunidos en el concilio propiamente llamado Sínodo de los Obispos. Este sínodo, que representa a todo el episcopado católico, es signo de que todos los obispos son partícipes en comunión jerárquica del cuidado de la Iglesia universal.

Y el *Código de Derecho Canónico* (can. 342) afirmó que:

> El Sínodo de los Obispos es una asamblea de Obispos que, elegidos de las diversas regiones del mundo, se reúnen en tiempos determinados para fomentar la estrecha unión entre el Romano Pontífice y los obispos mismos, y para prestar ayuda con sus consejos al Romano Pontífice en la salvaguardia y acrecentamiento de la fe y de las costumbres, en la observancia y consolidación de la disciplina eclesiástica, y también para estudiar los problemas concernientes a la actividad de la Iglesia en el mundo.

Entonces había incorporado, aunque con ligeras modificaciones, el dictado de la carta apostólica *Apostolica sollicitudo*. La visión de Pablo VI reflejaba una concepción "piramidal" de la *potestas* en la Iglesia: el Papa tiene el poder supremo y los obispos pueden ayudarlo a conocer las situaciones de las iglesias, pero las decisiones que conciernen a la Iglesia en su conjunto están reservadas al Papa. El canon 343 del Código seguía recordando esta función del Sínodo:

Corresponde al Sínodo de los Obispos discutir las cuestiones que han de tratarse y expresar su propio voto, pero no dirigirlas ni dictar decretos sobre ellas, a no ser que en casos determinados el Romano Pontífice, a quien corresponde en este caso ratificar las decisiones del Sínodo, le haya concedido la potestad deliberativa.

Del mismo modo, en las iglesias particulares, el obispo es el único legislador, aunque, incorporando la eclesiología del Vaticano II, el canon 460 reconoce que los fieles no ordenados también participan en el sínodo diocesano: "El sínodo diocesano es la asamblea de sacerdotes y otros fieles de la Iglesia particular, elegidos para ayudar al obispo diocesano para el bien de toda la comunidad diocesana, a tenor de los cánones siguientes". El can. 466 precisa a continuación que el único legislador es el obispo: "En el sínodo diocesano el único legislador es el obispo diocesano, mientras que los demás miembros del sínodo solo tienen voto consultivo; solo él suscribe las declaraciones y decretos sinodales, que solo pueden hacerse públicos por su autoridad".

El Sínodo de los Obispos es, por tanto, un órgano consultivo, al igual que el sínodo diocesano.

2. ¿DEL SÍNODO DE LOS OBISPOS
AL SÍNODO SIN MÁS?

La visión del papa Francisco se ha transformado gradualmente y ha llegado a pensar en el Sínodo ya no como el Sínodo de los Obispos, sino Sínodo, sin más. Síntoma de ello es también lo que está escrito en la constitución apostólica *Praedicate Evangelium* (19 de marzo de 2022), en la que ya no se utiliza la expresión "Secretaría del Sínodo de los *Obispos"*, sino "Secretaría del Sínodo". Esto se puede ver en el artículo 33, donde precisamente se utiliza este término, manteniendo la visión del Sínodo como ayuda al Papa:

> Las instituciones curiales colaboran, según sus respectivas competencias específicas, en la actividad de la Secretaría General del Sínodo, en atención a lo establecido en las normas propias del Sínodo mismo, que presta eficaz colaboración al Romano Pontífice, según los modos establecidos por el mismo o que se establezcan, en los asuntos de mayor importancia, para el bien de toda la Iglesia.

Que ya no es un Sínodo de Obispos se ve sintomáticamente en el hecho de que el papa Francisco también ha nombrado a una religiosa para la Secretaría del Sínodo que, al formar parte de ese órgano, tiene derecho a voto en el Sínodo.

La transformación puede denotar una ampliación de la base decisoria, pero también puede reintroducir la idea de que al final es el Papa quien lo decide todo.

Hay que reconocer que en los últimos sínodos de obispos —pensemos en los dos sobre la familia, a los que siguió la exhortación apostólica *Amoris laetitia* (19 de marzo de 2016)— el papa Francisco quiso que se conocieran los resultados de las votaciones sobre el documento final, para mostrar que sus decisiones reflejaban la orientación de la mayoría de los obispos. De este modo dejó entender que el Sínodo ya no es solo un órgano consultivo, sino también deliberativo. Además, Pablo VI ya había previsto que, por elección del Papa, el Sínodo podría tener también la posibilidad de emitir decisiones: "[El Sínodo] puede gozar también de potestad deliberativa, cuando esta le haya sido conferida por el Romano Pontífice; a quien corresponde en ese caso ratificar las decisiones del Sínodo". La asamblea sinodal de octubre de 2023, a la que siguió la de octubre de 2024, no llegó a ninguna decisión, pero mostró —incluso visiblemente, como ya se ha dicho— que los obispos y los demás fieles se escuchaban mutuamente. La *Relación de síntesis* de la primera sesión de la XVI Asamblea General Ordinaria del Sínodo de los obispos, que sin embargo no adopta la forma de una decisión, es la expresión de un trabajo conjunto: obispos, presbíteros, religiosas y laicos escucharon juntos lo que el Espíritu dice a la Iglesia, elaboraron propuestas y señalaron los aspectos problemáticos.

Si esta es la figura paradigmática del Sínodo, habrá que repensar también el sínodo diocesano y los sínodos provinciales o nacionales. Las prácticas sinodales de las décadas posteriores al Vaticano II atestiguan, por otra parte, que, sobre la base de la eclesiología del último Concilio y en cumplimiento del citado canon 460 del Código de Derecho Canónico, en el Sínodo participan los representantes de todos los fieles y no solo los presbíteros, de modo que las decisiones, sin dejar de ser las de los obispos, son expresión del "sentir" de todos los fieles.

Pero si el Sínodo asume esta configuración, significa que al menos en la construcción de las decisiones —estas (hasta ahora) están reservadas al Papa— los obispos no tienen más relevancia que los demás fieles: cada uno vale por uno.

Esta cuestión también apareció en los trabajos de la Primera Sesión del Sínodo 2023-2024. Se ve claramente en la última parte de la *Relación de Síntesis* dedicada precisamente al Sínodo que en ella sigue denominándose "Sínodo de los Obispos":

> La cuestión sigue [...] abierta en cuanto al impacto de su presencia [de los miembros no obispos] como miembros de pleno derecho sobre el carácter episcopal de la Asamblea. Algunos ven el riesgo de que no se comprenda adecuadamente la tarea específica de los obispos. También habrá que aclarar según qué criterios los miembros no obispos pueden ser llamados a ser miembros de la Asamblea (20 d).

De hecho, si todos los participantes en la Asamblea Sinodal contribuyen al discernimiento que luego lleva a las decisiones de la Asamblea, la consecuencia podría llegar a ser: ser obispo o no serlo en el Sínodo tiene poca relevancia. Pero, si esto es así, ¿sigue el Sínodo representando a la Iglesia en su articulación ministerial? En efecto, los obispos, que en sus diócesis ostentan la autoridad en virtud del sacramento del orden, se verían —momentáneamente— despojados de esa autoridad en el Sínodo, siendo equiparados a todos los demás fieles.

Este punto de vista tiene dos implicaciones. La primera: el Espíritu actúa del mismo modo en todos los participantes del Sínodo; la segunda: el conocimiento, la idoneidad, la experiencia, adquiere una función más relevante que la autoridad.

En cuanto a la primera, puede justificarse prestando atención a la historia de la Iglesia: no pocas veces las reformas, que representan la acción efectiva del Espíritu en la Iglesia y constituyen el objetivo principal de los sínodos, han venido no de los que tienen autoridad, ni siquiera de las asambleas sinodales, sino de los "carismáticos".

En cuanto a la segunda, hay que reconocer que quien ejerce la autoridad no necesariamente es competente en todos los aspectos de la vida de la Iglesia. A este respecto, conviene recordar lo que se dice en *la Lumen gentium* 37, donde, al concluir el capítulo sobre los fieles laicos, en el que se describen las relaciones entre estos y sus pastores, se invita a los obispos a servirse del consejo de los laicos también en las cuestiones de carácter espiritual:

> Los pastores, por su parte, reconozcan y promuevan la dignidad y la responsabilidad de los laicos en la Iglesia; aprovéchense de buen grado de sus prudentes consejos, confíenles con confianza oficios al servicio de la Iglesia y déjenles libertad y margen de acción, más aún, anímenlos a emprender obras incluso por propia iniciativa. Consideren atentamente y con paternal afecto en Cristo las iniciativas, las peticiones y los deseos propuestos por los laicos y, finalmente, respeten y reconozcan esa justa libertad, que pertenece a todos en la ciudad terrena. De estas relaciones familiares entre laicos y pastores se deben esperar muchas ventajas para la Iglesia: de este modo se afirma en los laicos el sentido de la propia responsabilidad, se favorece su impulso y se asocian más fácilmente sus fuerzas a la labor de los pastores. Y estos, ayudados por la experiencia de los laicos, pueden juzgar con mayor claridad y oportunidad tanto en los asuntos espirituales como en los temporales; y así toda la Iglesia, fortalecida por todos sus miembros, cumple con mayor eficacia su misión para la vida del mundo.

3. LA FUNCIÓN DE LOS OBISPOS Y PRESBÍTEROS EN LOS SÍNODOS DIOCESANOS

Volvemos, pues, a la cuestión de la función de los obispos y presbíteros en los sínodos diocesanos.

Nos limitamos a estos porque la cuestión no se refiere a la participación de los presbíteros en el sínodo universal, si se sigue pensando en él como sínodo de los obispos; ni tampoco a su participación en los sínodos continentales, nacionales y provinciales: en todos ellos participan como todos los demás fieles. Aquí nos referimos a su participación en los sínodos locales (diocesanos).

Para abordar esta cuestión, hay que considerar en primer lugar la relación entre obispos y presbíteros. El Vaticano II, retomando en gran medida la visión de Ignacio de Antioquía, redescubrió el presbiterio[10]: obispo diocesano y presbíteros de una diócesis constituyen un presbiterio; el sacramento del Orden es la base sobre la que, aun con sus diferencias, están unidos.

Por eso, el Vaticano II y el Código de Derecho Canónico exigen la formación del Consejo Presbiteral en cada diócesis, cuya finalidad es ayudar al obispo en la elección de las directrices pastorales para la Iglesia particular.

Por lo que respecta al Vaticano II, en el decreto *Presbyterorum Ordinis*, en el contexto de la descripción de las relaciones entre obispos y presbíteros, sus "colaboradores y consejeros necesarios en el ministerio y función de instruir, santificar y gobernar al pueblo de Dios", se esboza la necesidad de establecer "una comisión *(coetus)* o senado de presbíteros representantes del presbite-

---

10. Cf. LG 28; PO 7-8; Cf. G. Canobbio, "Sul presbiterio: ragioni teologiche e modelli di riferimento", en A. Torresin (ed.), *Presbiterio è comunione. Riflessioni teologiche e pastorali*, Àncora, Milano 2007, 71-85.

rio, que con su consejo puedan ayudar eficazmente al obispo en el gobierno de la diócesis" (n. 7).

La idea se convierte en norma en el *Código de Derecho Canónico*, canon 495 § 1:

> En cada diócesis se establece el consejo presbiteral, es decir, un grupo de sacerdotes que, en representación del presbiterio, son como el senado del obispo; es tarea del consejo presbiteral ayudar al obispo en el gobierno de la diócesis, de acuerdo con la norma del derecho, para que se promueva de la manera más eficaz el bien pastoral de la porción del pueblo de Dios que le ha sido confiada.

Se ha mencionado anteriormente que el modelo al que se hace referencia se encuentra en las *Epístolas* de Ignacio de Antioquía, cuyo valor reside en el énfasis en el vínculo sacramental entre obispo y presbíteros, ciertamente no en la figura fenoménica de la Iglesia: las pequeñas comunidades que reflejan las *Epístolas* no son las diócesis tal como se han constituido a lo largo de los siglos. Precisamente por ello, se hace necesaria la constitución del Consejo Presbiteral, que no está formado por todos los presbíteros de una diócesis, sino por sus representantes, elegidos y escogidos según el canon 497 y los estatutos aprobados por el obispo local. Se trata de un consejo y, por tanto, su función no es deliberativa, sino consultiva. Este adjetivo, sin embargo, no puede hacernos olvidar que los presbíteros son colaboradores *necesarios* y no solo consejeros. Con el adjetivo *necesarios,* no se puede señalar simplemente que el obispo por sí solo no sería suficiente para desempeñar el ministerio pastoral en una iglesia por razones prácticas. Más bien se quiere decir que no se puede pensar en el obispo sin su presbiterio. Por supuesto, esto no implica que el obispo sea simplemente un miembro del presbiterio: debe mantenerse la diferencia entre obispos y presbíteros; el obispo es el *proestós* (el que preside).

A este respecto hay que señalar un matiz entre la redacción de PO 8 ("de manera especial [los presbíteros] forman un solo presbiterio en la diócesis a cuyo servicio están adscritos *bajo* su obispo") y la de LG 28 ("los presbíteros [...] forman *con* el obispo un solo presbiterio"). En el primer texto parece que el obispo no forma parte del presbiterio. La diferencia radica probablemente en esto: el texto de LG 28 retoma la visión de Ignacio de Antioquía, mientras que PO 8 quiere subrayar la unidad de los presbíteros entre sí, a los que, además, con algunas ejemplificaciones, se reconoce no solo la posibilidad sino también la necesidad de desempeñar el mismo ministerio según tareas diferentes. Entre los presbíteros y el obispo hay una diferencia de "grado" en el sacramento del orden, y esto justifica el hecho de que incluso en el Sínodo el único legislador —como ya se ha dicho— sea el obispo. Sin embargo, el hecho es que, por lo que se refiere al ministerio pastoral, obispo y presbiterio trabajan en unidad, aunque esto no anula la diferencia de "grado"; por lo que se refiere a la función legislativa, en cambio, la acción conjunta reside solo en la construcción de la decisión (*decision making)*, mientras que en la decisión legislativa (*decision taking*) ya no hay acción conjunta. En este sentido, en el Sínodo no hay diferencia entre los presbíteros y los demás fieles: todos los participantes en el Sínodo ayudan al obispo a decidir, pero al final es solo el obispo quien lo hace.

En el fondo, parece reaparecer la cuestión de la diferencia entre *potestas jurisdictionis* y *potestas ordinis,* que también se plantea (y de forma más aguda: el Papa no ha recibido un sacramento adicional; no es casualidad que sea "Obispo de Roma") en la relación entre Papa y obispos (ahora también todos los fieles) en el Sínodo universal.

En la disposición según la cual solo el obispo es el único legislador en el Sínodo, parece que subsiste la preocupación de salvaguardar la estructura jerárquica de la Iglesia tal como se ha especificado a lo largo de los siglos. Esta misma preocupación reaparece en una indicación del Código de Derecho Canónico, que —como hemos visto— estipula que el consejo presbiteral es obligatorio, al tiempo que permite constituir el consejo pastoral "si las situaciones pastorales lo sugieren (*suadeant*)". También hay que señalar que el canon 511, relativo al consejo pastoral, subraya que actúa *bajo* la autoridad del obispo, expresión que no se encuentra utilizada para el consejo presbiteral. Esta diferencia sugiere que la relación entre el obispo y los presbíteros no es idéntica a la que existe entre el obispo y los demás fieles. Teniendo en cuenta esta diferencia, que es sacramental, se debería concluir que el Sínodo (diocesano) debería privilegiar la relación obispo-presbíteros sobre la relación obispo-otros fieles. Sin embargo, este no es el caso porque el sínodo es expresión de toda la Iglesia (local). Sin embargo, si se quiere respetar su articulación sobre una base sacramental, los presbíteros no deberían situarse en pie de igualdad con todos los demás fieles en el sínodo. Parece existir una discrepancia entre la afirmación de la pertenencia común al sacramento del orden de los presbíteros y del obispo y la consideración de los mismos presbíteros en pie de igualdad con los demás fieles a la hora de construir las decisiones en el Sínodo: la diferencia, por esencia y no simplemente de grado, afirmada por LG 10 entre sacerdocio común y sacerdocio ministerial ya no parece aplicable.

¿Habría que pensar que los presbíteros deberían tener un reconocimiento especial en el sínodo diocesano? Si se pensara así, habría que concluir que estaríamos volviendo a la visión piramidal de la Iglesia, y tampoco se respetaría la corresponsabilidad de todos que, como se ha dicho, implica la valoración de las capacidades. También hay que señalar que adoptar este punto de vista nos expondría al riesgo de alimentar el clericalismo.

4. RIESGO DE CLERICALISMO
Y SUS RAÍCES

El riesgo ha sido puesto de relieve en varias ocasiones por el papa Francisco en los últimos años[11]. Y también se señaló en la *Relación de Síntesis* de la Primera Sesión del Sínodo 2023-2024:

> Un obstáculo para el ministerio y la misión es el clericalismo. Proviene de una incomprensión de la llamada divina, que lleva a concebirla más como un privilegio que como un servicio, y se manifiesta en un estilo mundano de poder que se niega a rendir cuentas. Esta deformación del sacerdocio debe ser combatida desde las primeras etapas de la formación, mediante un contacto vivo con la vida cotidiana del pueblo de Dios y una experiencia concreta de servicio a los más necesitados. No se puede imaginar hoy el ministerio del sacerdote si no es en relación con el obispo, en el presbiterio, en profunda comunión con otros ministerios y carismas. Desgraciadamente, el clericalismo es una actitud que puede manifestarse no solo en los ministros, sino también en los laicos.

El antídoto contra el clericalismo serían los procesos sinodales, que solo llegarían a ser eficaces si no se repitieran en ellos dinámicas de oposición. Estas, suele señalarse, derivan de una tradición eclesiástica que —al menos tendencialmente— ha hecho coincidir la responsabilidad eclesial con la pertenencia al *ordo* clerical.

---

11. En particular en su discurso del 25 de octubre de 2023 durante la decimoctava sesión del Sínodo, en el que entre otras cosas dijo: "El clericalismo es una plaga, es una plaga, es una forma de mundanidad que ensucia y daña el rostro de la esposa del Señor; esclaviza al santo pueblo fiel de Dios" (*Osservatore Romano* 26 de octubre de 2023). Sobre la cuestión, cf. S. Noceti, "Iglesia sinodal, Iglesia de corresponsables", en R. Luciani — S. Noceti, *Sinodalmente. Forma y reforma de una Iglesia sinodal*, PPC, Madrid 2022, 201-215.

Para evitar el riesgo al que se hace referencia, parece necesario ante todo comprender de qué se alimenta: en efecto, no hay que limitarse a denunciar la tradición que ha identificado a la Iglesia con la jerarquía, ni, como hace la *Relación de síntesis* antes citada, a señalar la mala comprensión del ministerio como poder y no como servicio. Parece necesario comprender por qué ha sucedido y sucede esto.

Parece haber dos razones estrechamente relacionadas: la primera es de carácter sociopolítico; la segunda es teológico-sacramental.

En cuanto a la primera, hay que señalar que, a lo largo de los siglos, la cuestión del poder ha ocupado mucho la reflexión y las prácticas eclesiásticas. No es de extrañar: si la Iglesia se concibe como una sociedad con sus leyes particulares y debe defenderse de la injerencia del poder político, resulta inevitable precisar quién tiene el poder de legislar y defender la libertad de la Iglesia. No es casualidad que los primeros tratados sobre la Iglesia sean en verdad tratados sobre el poder. Además, hay que recordar que, en contextos sociales en los que la mayoría de la población era analfabeta y eran solo los dirigentes quienes decidían el destino de los pueblos, era obvio que la misma dinámica se proponía también en la Iglesia, legitimada además con referencias a la voluntad instituyente de Jesucristo, que había puesto a Pedro y a sus sucesores a la cabeza de la Iglesia. No era difícil crear una imagen semejante entre la organización de los imperios y la organización de la Iglesia. En esta, como en una cascada, se pasaba de la Iglesia universal, encabezada por el Papa, a las iglesias diocesanas, encabezadas por el obispo, a las parroquias, encabezadas por el párroco. El poder se comunicaba de unos a otros. No era irrelevante que en el lenguaje eclesiástico se utilizara *sacra potestas* para indicar la autoridad y las tareas que se le encomendaban: la idea que se recibía era que el «jefe», en definitiva, era el responsable de la vida de toda la Iglesia, de las iglesias particulares, de las comunidades parroquiales.

A la razón de naturaleza sociopolítica se unió una razón de naturaleza teológico-sacramental: los portadores de la *sacra potestas* son los fieles que han recibido el sacramento del orden. Este les faculta para gobernar la porción del pueblo de Dios que les ha sido confiada, ya que, gracias al sacramento, están designados para actuar *in persona Christi*.

Si se tienen en cuenta estas dos razones, no es de extrañar que se crearan formas de clericalismo. Este, incluso dejando de lado los límites y las tentaciones de los titulares de la *sacra potestas*, era el resultado más obvio al que podían llegar las relaciones entre los distintos sujetos de la Iglesia.

Teniendo en cuenta este hecho, parece comprensible la dificultad de aceptar —tanto en la reflexión como, sobre todo, en la práctica— la eclesiología del Vaticano II, que funda en los sacramentos de la iniciación cristiana la corresponsabilidad de todos los fieles en la edificación y misión de la Iglesia[12]. Es obvio que la corresponsabilidad no coincide con la equiparación de las formas de vida cristiana y, por tanto, de funciones en la Iglesia: lo que en la tradición se ha acentuado, es decir, el hecho de que el sacramento del orden configura de forma original con Jesucristo y capacita para desempeñar determinadas funciones particulares (ministerios), no se puede dejar de lado. Sin embargo, está en juego el modo de entender la autoridad. El papa Francisco, haciéndose eco del texto evangélico de Mc 10,41-45 (// Mt 20,25-27), así como de otros textos neotestamentarios (recordemos 1Pe 5,1-4), recuerda con insistencia el auténtico sentido del ejercicio de la autoridad en la Iglesia: el modelo no puede ser el de los "jefes de las naciones"; debe ser el de Jesús, es decir, el del servicio[13]. Coherentemente, más allá de la retórica, la tarea de quienes ostentan la *sacra potestas* es suscitar personas corresponsables en y para la comunidad. Lo recuerda eficazmente Ef 4,1-16: las distintas funciones, derivadas de los dones que el Resucitado distribuye, tienen como finalidad hacer crecer el cuerpo eclesial hasta alcanzar la plena madurez según la medida de la plenitud de Cristo (cf. Ef 4,13). Esto comporta la asunción de estilos de *liderazgo* tomados ya no de los emperadores o de los reyes, sino de los presidentes de las organizaciones empresariales, que, según pautas hoy muy difundidas, pretenden

---

12. Cf. LG 33.

13. "Para los discípulos de Jesús, ayer hoy y siempre, la única autoridad es la autoridad del servicio, el único poder es el poder de la cruz, según las palabras del Maestro: "Sabéis que los jefes de las naciones las dominan y los dirigentes las oprimen. Entre vosotros no será así, sino que el que quiera ser grande entre vosotros será vuestro servidor, y el que quiera ser el primero entre vosotros será vuestro esclavo" (Mt 20,25-27). Entre vosotros no será así: en esta expresión llegamos al corazón mismo del misterio de la Iglesia —'entre vosotros no será así'— y recibimos la luz necesaria para comprender el servicio jerárquico" (Discurso del 17 de octubre de 2015).

hacer participar a todos en el funcionamiento de la organización[14]. No hay que tener miedo de fijarse en estos modelos y hacerlos propios: "la Iglesia —según leemos en *Gaudium et spes* 44—, teniendo una estructura social visible, que es precisamente el signo de su unidad en Cristo, puede enriquecerse, y de hecho se enriquece, con el desarrollo de la vida social humana, no porque falte algo en la constitución que le dio Cristo, sino para conocerla más profundamente, expresarla mejor y adaptarla con mayor acierto a nuestro tiempo". Por otra parte, la organización eclesial aún hoy vigente se ha ido configurando a lo largo del tiempo adoptando formas —a menudo incluso estilos— propias de la organización imperial. Ahora bien, si las formas de *liderazgo* estudiadas y practicadas en las empresas pueden ayudar a madurar la corresponsabilidad en las comunidades cristianas, hay que considerar que pueden ayudar a hacer la Iglesia más sinodal. Es obvio que la Iglesia no es una corporación multinacional y que las comunidades cristianas no son empresas, pero si los modelos organizativos de estas sirven para retomar prácticas eclesiales señaladas por el Nuevo Testamento, deben ser considerados como una señal para una conversión en el ejercicio de la autoridad. Por otra parte, el hecho de que en el lenguaje canónico se utilice la expresión *sacra potestas* indica que no se trata simplemente de "poder" en sentido genérico: el adjetivo denota que este poder en la Iglesia se refiere a un fundamento y a una finalidad distintos de los de otros poderes. Esto significa que, al pensarlo y practicarlo, no se puede olvidar el contexto en el que surge, es decir, el pueblo de Dios, que es un pueblo de sujetos corresponsables, y no por concesión de "líderes", sino conforme a su identidad original. A este respecto, cabe señalar que la enseñanza del Vaticano II aún no ha sido asimilada adecuadamente.

---

14. Cf. V. DE GIOSA, *La leadership. Teoria e pratica della organizzazione,* Carocci, Roma 2010.

5. LOS PROCESOS SINODALES
ANTÍDOTOS CONTRA EL CLERICALISMO

Para estimular una asimilación efectiva, el papa Francisco inició procesos sinodales. Hay que ser conscientes de que se trata de procesos largos y fatigosos.

Las dificultades para asumir tales procesos surgen de las condiciones sociales y de razones teológicas.

Por lo que se refiere a la primera, hay que señalar que está disminuyendo el deseo de participar en la construcción de la sociedad; un síntoma de ello es el fenómeno del populismo, sobre el que también llama la atención el papa Francisco en la encíclica *Fratelli tutti*, nn. 155-161. Se trata de una tendencia que lleva a las personas a no responsabilizarse y a confiar a los "líderes" la solución de todos los problemas. La Iglesia no vive al margen de las culturas: siente sus influencias; además, los fieles, como todas las demás personas, están sujetos a los cambios culturales. Por tanto, si las dinámicas sociales apuntan hacia formas de populismo, no se puede imaginar que en la Iglesia no se den estas tendencias. Esto puede verse fácilmente si se establecen comparaciones entre el deseo de participar en la vida de la Iglesia inmediatamente después del Vaticano II y su caída en las últimas décadas. Los partidos y los sindicatos también conocen este fenómeno, al igual que cualquier otra forma de organización social. En el ámbito eclesial, se podría encontrar una razón para ello, aparte de la disminución del número de los que viven la vida cristiana, en el hecho de que los llamados organismos de participación/comunión eclesial han fracasado debido a estilos autoritarios de *liderazgo* tanto en las diócesis como en las parroquias, por no hablar de los movimientos eclesiales, en los que el *liderazgo* carismático de los fundadores ha dado lugar no pocas veces a figuras más bien gregarias que protagonistas.

Aquí llegamos a las razones teológicas de la dificultad para poner en marcha procesos sinodales: obispos y presbíteros, especialmente si son párrocos, están cargados de deberes justificados por el sacramento del orden.

La articulación del ministerio ordenado según el triple *munus*, profético, sacerdotal, real, que hizo suya el Vaticano II[15], junto con la afirmación de *la Lumen gentium* 23, que —en analogía con lo que se dice del Papa— atribuye a cada obispo la función de ser "principio visible y fundamento de la unidad en sus iglesias particulares", ha llevado a atribuir al obispo tareas que una sola persona humana no puede realizar. No es casualidad que la *Relación de Síntesis* de la primera sesión de la XVI Asamblea General Ordinaria del Sínodo de Obispos escriba:

> Las expectativas sobre el obispo son a menudo muy altas, y muchos obispos se quejan de una sobrecarga de compromisos administrativos y jurídicos, lo que dificulta la plena realización de su misión. El obispo también tiene que asumir su propia fragilidad y limitaciones, y no siempre encuentra apoyo humano y respaldo espiritual. No es infrecuente la dolorosa experiencia de la soledad. Por eso es importante, por una parte, volver a centrarse en los aspectos esenciales de la misión del obispo y, por otra, cultivar una auténtica fraternidad entre los obispos y con el presbiterio" (12 e).

Y entre las cuestiones que deben abordarse figura la siguiente:

> La cuestión de la relación entre el sacramento del orden y la jurisdicción necesita ser estudiada en profundidad, a la luz del magisterio conciliar de *Lumen gentium* y de enseñanzas más recientes, como la constitución apostólica *Praedicate Evangelium*, para precisar los criterios teológicos y canónicos que fundamentan el compartir las responsabilidades del obispo y determinar ámbitos, formas e implicaciones de la corresponsabilidad (12 g).

Lo constatado y solicitado por los sinodales denota no solo un malestar por parte de los obispos, sino también la necesidad de repensar la doctrina sobre el episcopado que nos legó el Vaticano II.

---

15. Cf. LG 25-27; CD 12-16.

6. REPENSAR LA RELACIÓN
ENTRE EL OBISPO Y SU IGLESIA

El debate que surgió especialmente durante la redacción del capítulo III de la *Lumen gentium* y continuó en las décadas siguientes ha demostrado que una teología del episcopado que no esté adecuadamente vinculada a una teología de la Iglesia local corre el riesgo de aislar al obispo. No es casualidad que la *Relación de síntesis* sitúe este punto entre las cuestiones prioritarias a tratar: "En el plano teológico, se debe profundizar aún más el significado del vínculo de reciprocidad entre el obispo y la Iglesia local. Él está llamado a guiarla y, al mismo tiempo, a reconocer y conservar la riqueza de su historia, de su tradición y de los carismas presentes en ella" (12 f). El entusiasmo pertinente con el que se había acogido la teología del episcopado ofrecida por la *Lumen gentium* basada en estudios histórico-teológicos sobre el episcopado en los primeros siglos de la Iglesia tal vez no había advertido que se produciría una heterogénesis de fines: la exaltación del obispo iría en detrimento de la consideración de la Iglesia que preside. En efecto, como se ha observado a menudo en la reflexión teológica, pensar el episcopado ante todo en relación con el Primado —esta es inevitablemente la perspectiva asumida por *Lumen gentium*— solo podía conducir a hacer entrar al obispo en el esquema de los poderes característicos del Papa, obviamente en relación con la Iglesia particular. En consecuencia, por una parte, el obispo aparece cargado con poderes para los que no tiene la competencia adecuada; por otra parte, se le hace, finalmente, el único responsable en su Iglesia.

Desde este punto de vista, incluso las afirmaciones sobre el presbiterio a las que nos hemos referido anteriormente y sobre la necesidad de escuchar a los laicos quedan difuminadas. En efecto, el obispo, en virtud del sacramento del orden recibido en plenitud, permanece paradójicamente aislado incluso de los demás obispos. La doctrina del colegio episcopal en el que entra el obispo, al mismo tiempo que le hace partícipe de un corpus universal, también le hace

—potencialmente— independiente de los demás obispos con los que forma la conferencia episcopal. El debate posterior al Vaticano II sobre la colegialidad efectiva —la del colegio episcopal— y la colegialidad afectiva —la de las conferencias episcopales— atestigua el hecho de que, al final, un obispo puede no compartir para su diócesis las opciones que toma una conferencia episcopal. Y ello en virtud de que posee la plenitud del sacramento del orden. Si este crea un vínculo entre todos los obispos, él puede disolver el vínculo con los obispos de un territorio. La historia atestigua que ni siquiera los sínodos provinciales —aquellos en los que participaban los obispos de una provincia eclesiástica— podían obligar a los obispos individuales a hacer suyas las decisiones de los sínodos. A veces, Roma tuvo que intervenir, pero en vano, para llamar a determinados obispos a cumplir las disposiciones de los sínodos provinciales[16].

Por lo tanto, cabe señalar que si el hecho de compartir el sacramento, es decir, la participación en el mismo "orden", no crea una comunión efectiva entre los obispos que presiden iglesias contiguas, se corre el riesgo de socavar la sinodalidad.

Lo mismo ocurre con los presbíteros: aunque constituyan un presbiterio con y bajo el obispo —como señalamos más arriba—, la consideración del párroco como *pastor proprius* lleva a considerarlo autónomo e independiente respecto a los demás presbíteros y también al obispo[17]. Ni que decir tiene que la denominación recordada pretendía —y pretende— salvaguardar al párroco de las posibles injerencias injustas del obispo; pero de este modo se pone en discusión la necesidad de compartir con el obispo y los demás miembros del presbiterio las orientaciones pastorales de una iglesia local; abre también la posibilidad de que el párroco se interprete a sí mismo como el único que tiene derecho a decidir el bien de la comunidad parroquial que preside.

---

16. Véase el ensayo citado anteriormente, en la nota 1.

17. Cf. G. MONTINI, "Il parroco come *pastor proprius*. Il significato di una formula", en G. CANOBBIO ET ALII, *La parrocchia come Chiesa locale*, Morcelliana, Brescia 1993, 181-198.

7. AMBIGÜEDAD DEL
LENGUAJE METAFÓRICO

El lenguaje metafórico también puede exponernos a los riesgos señalados: llamar "pastores" a los dirigentes de la Iglesia en sus diversas articulaciones hace pensar en los fieles como en un rebaño que hay que conducir. Es indiscutible que la metáfora pertenece al Nuevo Testamento y ha sido asumida en la tradición cristiana[18]. Ello no quita que, si no se utiliza con circunspección, pueda inducir a prácticas que no hacen madurar el sentido de la corresponsabilidad. Al contrario, corre el riesgo de convertirse en un espejo de lo que se encuentra en las diócesis y en las comunidades parroquiales: se induce a los fieles a interpretarse a sí mismos como sumisos, y dejan de buen grado que el "pastor" decida lo que es bueno para ellos en toda circunstancia. No es casualidad que las personas que ocupan puestos de responsabilidad en la vida de la sociedad civil se sientan extrañas en vida de la Iglesia, donde no se les reconoce la posibilidad de compartir decisiones. La sensación de ajenidad —pasiva y activa— no deriva del cansancio por lo que ya hacen en la sociedad civil, sino de la percepción de que no se les reconoce la condición de sujetos activos que se describe en los documentos eclesiales y que corresponde a la condición de ser cristianos, llamados por el mismo Jesús a contribuir a la construcción y misión de la Iglesia (cf. LG 33 y AA 3, así como *Evangelii gaudium* 119-121).

Hay que reconocer, por tanto, que las raíces del clericalismo no están solo en las tendencias culturales o en la incorrecta interpretación de la *sacra potestas*, debido a las tentaciones que suscita el poder; están también en fórmulas canónicas y teológicas que han cristalizado a lo largo del tiempo para defender funciones, pero que no siempre aparecen coherentes con la visión eclesiológica heredada del Vaticano II y necesaria para iniciar verdaderos procesos sinodales.

---

18. Cf. G. Canobbio, "Presbitero, sacerdote, pastore. Termini per dire il prete", en G. Canobbio et Alii, *Ministero presbiterale in trasformazione*, Morcelliana, Brescia 2005, 51-87. Conviene releer CD 16 para una correcta hermenéutica de esta metáfora en la descripción de la tarea del obispo como padre y pastor.

8. ¿QUÉ CAMINOS?

En este punto parece ineludible la necesidad de delinear cómo puede pensarse la función de los obispos y presbíteros, así como de los diáconos —que, aunque no tienen el ministerio de la presidencia, pertenecen al ministerio ordenado—, para que tengan lugar los procesos sinodales. Hay que tener en cuenta que se trata de procesos que implican conversión. Además, este término ha resonado muchas veces en los últimos años, especialmente acompañado del adjetivo "pastoral". Ya el papa Francisco en *Evangelii gaudium* recordaba la necesidad de pensar en una 'Iglesia en salida' reorganizando la Iglesia según las necesidades de la misión. Ahora, para llevar a cabo esta conversión "pastoral y misionera", como leemos en *Evangelii gaudium* 25, el ministerio del obispo y del presbítero debería realizarse también en una perspectiva misionera. No es casualidad que el tema confiado al Sínodo de la sinodalidad incluya también la *misión*. Por eso, el enfoque del Sínodo ha previsto escuchar a todos, incluidos los laicos. En efecto, son ellos quienes tienen el "olfato" —por utilizar un término muy querido por el papa Francisco— para captar lo que la Iglesia necesita para hacer llegar el Evangelio a la gente[19].

El *primer aspecto* que hay que recordar es que los obispos y presbíteros no son ajenos a la porción del pueblo de Dios a cuyo servicio están. No se puede olvidar el articulado de la *Lumen gentium*, que antes de hablar de la jerarquía y de su tarea (cap. III) describe al pueblo de Dios (cap. II), que nace de la revelación del Misterio (cap. I). Los ministros ordenados son, ante todo, fieles como los demás: comparten la misma fe, reciben los mismos sacramentos —obviamente no los que fundan los ministerios, es decir, la ordenación y el matrimonio, al

---

19. Cf. Discurso del papa Francisco en San Rufino di Assisi (4 de octubre de 2013): "Caminar con nuestro pueblo, a veces delante, a veces en medio y a veces detrás: delante, para guiar a la comunidad; en medio, para animarla y sostenerla; detrás, para mantenerla unida y que nadie se quede demasiado, demasiado atrás, y también por otra razón: ¡porque el pueblo tiene 'flair'! Tiene olfato para encontrar nuevos caminos, tiene el *'sensus fidei'*, como dicen los teólogos. ¿Qué puede haber más hermoso? Y en el Sínodo debe estar también 'lo que el Espíritu Santo dice a los laicos, al pueblo de Dios, a todos'".

menos en la Iglesia latina—, se santifican por la caridad. Tener esto en cuenta significa no elevarse por encima de los demás fieles: se aplica la frase tan citada de san Agustín "para vosotros soy obispo, con vosotros soy cristiano"[20].

En este sentido, fue simbólica la disposición de los sinodales en torno a mesas, en la primera sesión del Sínodo de la sinodalidad. Hacer propia esta modalidad implica que obispos y presbíteros no pretendan tener siempre la última palabra sobre todo y que, si tienen que decirla, sea fruto de la síntesis de lo que han aprendido del pueblo. A este respecto, conviene recordar una vez más lo que dijo el papa Francisco sobre la relación entre los pastores y el pueblo: a veces el pastor se queda atrás porque el pueblo tiene "olfato" propio.

De aquí deriva un estilo en la preparación y el desarrollo de los llamados "órganos de comunión", que requieren procedimientos correspondientes a su identidad y función: sin procedimientos claros, se corre el riesgo de caer en la retórica de la escucha del Espíritu. Para aprender procedimientos, también se puede prestar atención a los de los órganos de las sociedades, sin temor —como se ha señalado anteriormente— a perder la connotación eclesial de los órganos eclesiales. Al fin y al cabo, es bien sabido que el derecho canónico no fue inspirado por el Espíritu Santo y que, para la Iglesia latina, asumió normas del derecho romano y germánico.

Un *segundo aspecto* se refiere al nombramiento de obispos y párrocos. La *Relación de Síntesis* del Sínodo, aunque suavemente, recuerda la necesidad de revisar los procedimientos de elección de los obispos. "La Asamblea pide que se revisen los criterios de selección de los candidatos al episcopado, equilibrando la autoridad del Nuncio Apostólico con la participación de la Conferencia Episcopal. También se pide que se amplíe la consulta al Pueblo de Dios, escuchando a un mayor número de laicos y laicas, consagrados y consagradas, y cuidando de evitar presiones inadecuadas" (12 l). Estas pocas líneas ponen de relieve el deseo de que los obispos sean elegidos sobre la base de una consulta más amplia. Ciertamente, no será posible volver a prácticas anacrónicas, volviendo a métodos de selección por parte del pueblo. Sin embargo, no se puede ignorar la petición expresada: si el obispo es para una Iglesia, esta no puede verlo llegar como un extraño. Ni que decir tiene, habría que especificar los procedimientos para evitar que los grupos de presión —como también se menciona en la

---

20. *Discurso* 340.1.

propuesta— puedan imponer su visión. La práctica actual —cuando se sigue realmente— ya prevé una forma de consulta secreta por parte del Nuncio Apostólico, pero esta consulta está reservada a unas pocas personas. Ciertamente, no se trata de convocar asambleas electivas. Bastaría con que los Consejos Presbiteral y Pastoral de una diócesis indicaran el perfil espiritual y pastoral de la persona que podría dirigir la diócesis. Esto pondría de relieve que toda la Iglesia local es un sujeto misionero, que acoge y reconoce a su obispo, cuyo ministerio consiste en garantizar la fidelidad a toda la Iglesia católica, en virtud de la pertenencia del obispo al Colegio de los Obispos. También mostraría que el obispo comparte con su Iglesia local un camino que viene de lejos y que continuará más allá de su presencia. A este respecto, hay que reconocer una vez más la pertinencia de la propuesta contenida en la *Relación de síntesis* ya citada varias veces, que pide que "se activen, en formas que habrán de definirse jurídicamente, estructuras y procesos de verificación periódica de la labor del obispo, con referencia al estilo de su autoridad, a la administración económica de los bienes de la diócesis, al funcionamiento de los órganos de participación y a la protección contra cualquier tipo de abuso". La cultura de informar, rendir cuentas, es parte integrante de una Iglesia sinodal que promueve la corresponsabilidad, así como una posible salvaguarda contra los abusos" (12 j). En el trasfondo de estas indicaciones se encuentra una visión de la relación entre obispo e Iglesia, que la tradición más antigua expresó en la fórmula elaborada por Cipriano de Cartago: "El obispo está en la Iglesia y la Iglesia en el obispo"[21]. La fórmula podría entenderse ciertamente en el sentido de que en el obispo se "concentra" la Iglesia que preside. De aquí viene la representación. Tal comprensión olvidaría, sin embargo, la primera parte de la fórmula, que debe entenderse como indicativa de pertenencia. Además, parece sintomático que incluso los obispos "titulares" (es decir, los que no presiden una diócesis) sean obispos ficticios de una Iglesia antigua ya desaparecida. Esto significa que un obispo *absolutus*, es decir, sin Iglesia de referencia, no debería existir. La práctica persistente de nombrar obispos funcionarios de los dicasterios de la Curia Romana en este sentido no tendría ninguna legitimidad teológica. Además, el Concilio de Calcedonia (451) en el canon VI declara que nadie debe ser ordenado de forma *absoluta*, es decir, sin tener una conexión con una Iglesia y una función en ella. El canon no men-

---

21. *Carta* 66.8; cf. el estudio de A. CARPIN, *Cipriano di Cartagine. Il vescovo nella Chiesa. La Chiesa nel vescovo*, EDS, Bologna 2006.

ciona expresamente a los obispos —se limita a mencionar a los presbíteros y diáconos—, pero también introduce la expresión "cualquier grado eclesiástico". No es de extrañar que continúe la práctica de consagrar obispos titulares: las grandes diócesis necesitan a veces obispos auxiliares; la Curia romana necesita "funcionarios" que tengan la misma "dignidad" eclesiástica que los obispos diocesanos que dependen de ellos. Pero hay que señalar que todo esto no es más que una indicación de la limitación reconocida a la teología en relación con las prácticas eclesiásticas. Cabe preguntarse, sin embargo, al menos en lo que se refiere a la Curia romana, si a la luz de la constitución apostólica *Praedicate Evangelium* estas prácticas deben continuar: algunos dicasterios podrían de hecho ser presididos también por laicos.

En cuanto a los *presbíteros,* cuya figura es variada —no se puede limitar uno a considerar a los párrocos, aunque esta sea la forma canónicamente más precisa del ministerio presbiteral[22]—, se puede considerar su función en el Sínodo —y más ampliamente en una Iglesia sinodal— volviendo a prestar atención sobre todo a su pertenencia al presbiterio. El sacramento del Orden constituye una base fundamental para redescubrir los vínculos estructurales entre los presbíteros. Esto ya se ha mencionado anteriormente con referencia a los textos conciliares a los que también se refiere la *Relación de síntesis* (cf. 11 a). Si se tiene en cuenta este hecho, la acción pastoral de los presbíteros no puede ejercerse en soledad: el presbiterio es el sujeto de dicha acción. Esto implica que las orientaciones y las prácticas deberán ser compartidas. Esto mostrará también que la corresponsabilidad es el estilo de toda acción eclesial, ya que la participación en los sacramentos, cuya finalidad es configurar a los fieles, constituye el fundamento de la comunión-participación. A este respecto, aunque solo por analogía, se podría decir que, así como el episcopado constituye un colegio en el que entra un fiel por el grado supremo del sacramento del orden, así el presbiterado constituye el presbiterio en el que entra un fiel por el segundo grado del sacramento del orden. Por consiguiente, no existe ningún presbítero "errante" ("vago"). No es casualidad que exista la institución jurídica de la incardinación. Esta, una vez que ha tenido lugar —originariamente mediante el sacramento, jurídicamente mediante un acto de recepción por parte de un obispo diocesano— "vincula" a un presbítero a una Iglesia local, para servirla junto con todos los demás presbí-

---

22. Cf. *Código de Derecho Canónico,* cann. 519-538.

teros. Se trata de una "sinodalidad amplia", que tiene valor significativo: la vida eclesial se desarrolla no solo a través de las doctrinas y los sacramentos, sino también a través de los estilos de existencia que se derivan de ellos.

La educación para la corresponsabilidad se implementa a través de manifestaciones del ejercicio de la corresponsabilidad. Sería extraño que un presbítero (párroco) llamara a los fieles de su comunidad a vivir la comunión-participación si no demostrara que vive en comunión efectiva con todo el presbiterio. No es relevante que en las asambleas sinodales los presbíteros tengan un reconocimiento especial sobre todos los demás fieles. Lo que importa es que los presbíteros, en la vida ordinaria de la comunidad que presiden, sean modelos y suscitadores de corresponsabilidad. Ante todo en la conducción de los consejos pastorales, lugares donde los representantes de la comunidad ponen en práctica la corresponsabilidad fundada en los sacramentos de la iniciación cristiana, y los presbíteros mantienen un *liderazgo* participativo, aquel que sabe reconocer los dones del Espíritu en el corazón y en la mente de los "consejeros" y, por tanto, sabe dar cabida a las capacidades, también espirituales, de los fieles, y no por "concesión benigna", sino por obediencia al Espíritu. No se trata de inventar quién sabe qué caminos: basta con poner en práctica lo que la doctrina heredada del Vaticano II ha puesto de relieve al vincular las responsabilidades eclesiales y los sacramentos, la iniciación cristiana y la ordenación, respectivamente.

El vínculo entre corresponsabilidad y sacramentos podría considerarse demasiado constrictivo. En efecto, no se puede olvidar el principio elaborado por la escolástica medieval *Deus virtutem suam non alligavit sacramentis* (Dios no vinculó su poder a los sacramentos: cf. Santo Tomás de Aquino, *Summa Theologiae*, III, q. 64, a. 7c.), con el que se pretendía dejar a Dios la libertad de actuar donde, como y cuando quiere. El principio está a la altura de la afirmación de la libertad del Espíritu, que a menudo se justifica indebidamente con la referencia a Jn 3,8 ("el Espíritu —en realidad es el viento— sopla donde quiere"). Sin embargo, hay que señalar que encontrar en los sacramentos el fundamento de la corresponsabilidad de todos los fieles en la edificación y misión de la Iglesia significa encontrar un fundamento trascendente, reconocible y normativo. En consecuencia, realizar acciones contrarias a lo que originan los sacramentos significa oponerse a la acción de Dios. En términos quizá algo burdos, se podría decir: si los presbíteros no viven la corresponsabilidad con el presbiterio, y más ampliamente con todos los fieles de su comunidad, no solo están contradiciendo formas de *liderazgo* participativo, sino que están cometiendo un pecado.

Sin embargo, estas formas de *liderazgo* no se conseguirán si, al igual que se ha dicho para el nombramiento de los obispos, los párrocos no son nombrados con la participación de las comunidades que van a presidir. Ciertamente, no es fácil encontrar presbíteros que respondan a las necesidades y, por tanto, a las expectativas de las comunidades. La dificultad se acentúa allí donde el número de presbíteros disminuye o es ya escaso. Hay que tener en cuenta, sin embargo, que, si no se consigue implicar a las comunidades en el nombramiento de los párrocos, se corre el riesgo de caer en el clericalismo: se pueden buscar en el presbiterado oportunidades para ejercer el poder, con la consecuencia de extinguir la sinodalidad, que, no se deja de repetir, es la característica original de la Iglesia en todas sus articulaciones. Si se extingue la sinodalidad, también los sínodos correrán el riesgo de convertirse en superestructuras ineficaces, como lo han sido tantas veces a lo largo de la historia.

En efecto, los sínodos —ya sean locales, provinciales, continentales o universales— son lugares donde se manifiesta la sinodalidad, instrumentos a través de los cuales se educa a esa sinodalidad, siempre que efectivamente la realicen.

Esto significa que todos se sienten directamente llamados a mantenerla viva: los obispos, porque en los sínodos universales, continentales o provinciales realizan la colegialidad, no solo afectiva, sino también efectiva, en diversos grados; los presbíteros, porque en los sínodos manifiestan y recuerdan la corresponsabilidad con todos los demás fieles fundada en los sacramentos; todos los fieles, mujeres y hombres, porque en los sínodos ponen a disposición de toda la Iglesia el sentido de la fe recibida en los sacramentos de la iniciación cristiana y los dones personales que provienen del Espíritu.

De este modo, nadie en la Iglesia procede aisladamente. Las prácticas sinodales reflejan la dinámica por la que uno se hace y permanece creyente: siempre y solo gracias a la *communio*, que tiene una dimensión diacrónica y sincrónica. Esta visión podría resumirse en la fórmula utilizada en otros lugares: "Todos para uno y uno para todos". En este sentido, también se podría recuperar la imagen paulina de la Iglesia como "Cuerpo de Cristo", que supone la totalidad como principio y fundamento de la singularidad y, sobre todo, que la Cabeza es Cristo.

CONCLUSIÓN

Obispos y presbíteros pueden experimentar y mostrar en el Sínodo que están realmente al servicio del crecimiento de la Iglesia, ayudándose mutuamente y ayudando a todos los fieles a realizar el ministerio, para que en la verdad y en la caridad lleguemos a la unidad del hombre perfecto según la medida de la plenitud de Cristo (cf. Ef 4,13). Sin embargo, hay que recordar que el Sínodo, en sus diversas formas, no es la vida normal de la Iglesia: es solo la manifestación de sí misma. En definitiva, lo que cuenta no es el Sínodo, sino el estilo sinodal, que se aprende y se enseña haciendo memoria de aquello que se ha hecho mediante los sacramentos.

SEGUNDA PARTE
INICIACIÓN A LA SINODALIDAD

por LUCA GARBINETTO

La iniciación en la sinodalidad pasa por tres caminos interconectados. En primer lugar, pide a cada cristiano, especialmente a los agentes pastorales (ministros ordenados y laicos) que reflexionen sobre sí mismos para madurar una visión más clara y una adhesión más profunda a ser una Iglesia sinodal (**conversión sinodal**). En segundo lugar, es necesario aprender juntos qué es la sinodalidad como forma de vivir y operar como Iglesia, haciendo nuevas experiencias marcadas por un estilo sinodal, y reflexionar juntos para remodelar el rostro de la comunidad y la acción pastoral en esta perspectiva (**renovación eclesial en perspectiva sinodal**). En tercer lugar, es necesario trabajar con valentía y creatividad para crear estructuras y procedimientos sinodales adecuados a la visión eclesial del Vaticano II (**reforma de las estructuras**).

MINISTERIOS EN UNA IGLESIA SINODAL

El episcopado fue redescubierto por el Concilio Vaticano II como sacramento. La Iglesia subsiste donde hay una porción del pueblo de Dios dirigido por su obispo, con su presbiterio y sus diáconos (*Christus Dominus* 11). Con esta renovada conciencia, los Padres conciliares quisieron subrayar la centralidad de la Iglesia local o particular en la autocomprensión que la Iglesia tiene de su propia identidad. Si la Iglesia existe, es para evangelizar, y el anuncio del Evangelio solo puede pasar por una lógica de encarnación en un territorio, donde viven personas concretas.

Sin embargo, tanto el obispo en su propia diócesis como el párroco en su propia parroquia no están exentos de los riesgos de un liderazgo pastoral demasiado centrado en su propio papel y autoridad. En el contexto de las comunidades cristianas insertas en un tejido social y cultural específico, dentro del entretejido de relaciones humanas que configuran un entorno vital concreto, la vocación y misión específicas del obispo, junto con los presbíteros que comparten su llamada al sacerdocio ministerial, deben asumir una configuración teológica y existencial coherente con los tiempos cambiantes en los que nos encontramos. En ella es indispensable una actualización constante de la dinámica de la corresponsabilidad.

1. CONVERSIÓN SINODAL
PARA LA REFLEXIÓN PERSONAL

Esta primera ficha está pensada para un momento de reflexión personal: nos permite profundizar en los conceptos teológico-pastorales de este Cuadernillo a partir de la escucha de la realidad, de la Palabra de Dios y de los documentos del Magisterio de la Iglesia sobre la sinodalidad. El objetivo es acompañar la conversión sinodal: qué necesitamos cambiar de nuestra mentalidad, qué resistencias interiores debemos vencer, qué falsas ideas debemos abandonar, qué recursos y habilidades debemos compartir.

1.1. Oración al Espíritu Santo
PABLO VI

Haz, oh Señor, que tu Espíritu informe
y transforme nuestras vidas,
y nos dé la alegría de la fraternidad sincera,
la virtud del servicio generoso, el anhelo del apostolado.

Concede, oh Señor, que nuestro amor
hacia todos nuestros hermanos en Cristo
sea cada vez más ardiente y laborioso
para colaborar cada vez más intensamente con ellos
en la construcción del Reino de Dios.

Concédenos de nuevo, oh Señor, que sepamos unir mejor
nuestros esfuerzos a los de todos los hombres de buena voluntad,
para realizar plenamente el bien de la humanidad en la verdad,
la libertad, la justicia y el amor.

Así oramos por ti, oh Cristo, que con el Padre y con el Espíritu Santo
vives y reinas, Dios, por los siglos eternos. Amén.

1.2. Una primera reflexión sobre mi vida

Para los obispos

1. ¿Cómo ha cambiado mi percepción de mí mismo y de mi identidad desde que fui ordenado obispo? ¿Cuáles son los aspectos enriquecedores y cuáles los límites que experimento en el ejercicio de mi ministerio?

2. ¿Cómo describiría el ejercicio de mi ministerio? ¿Qué rasgos lo caracterizan en lo concreto de la vida?

3. ¿Quiénes son las personas en las que confío de verdad y de las que me dejo ayudar para vivir mi llamada al episcopado según el corazón de Dios y para la edificación del Reino? ¿A quién pido consejo cuando necesito confrontarme y discernir la voluntad de Dios?

4. ¿Cómo me oriento ante los retos de lo nuevo? ¿En qué baso mis criterios de evaluación?

Para los presbíteros

1. ¿Qué significa para mí ser presbítero? ¿Cuáles son los rasgos característicos de mi vocación al ministerio ordenado?

2. Ante la sociedad contemporánea y el cambio de época que vivimos, ¿cómo me siento? ¿Qué sentimientos me habitan? ¿Qué me da esperanza y qué me asusta, para vivir mi vocación?

3. ¿Me siento parte integrante del pueblo de Dios, ante todo como bautizado entre los bautizados, o tiendo a considerarme «de otra categoría»?

4. ¿Cómo vivo concretamente mi relación con las otras vocaciones en la Iglesia: laicos y laicas, religiosos y religiosas, diáconos, presbíteros, obispo? ¿Me siento hombre de comunión, que promueve los carismas de cada uno? ¿Qué dificultades experimento?

1.3. Para profundizar

Lectura del Concilio Vaticano II, *Lumen gentium*, nos. 20 y 28:

> 20. La misión divina confiada por Cristo a los Apóstoles durará hasta el fin de los tiempos (cf. Mt 28,20), ya que el Evangelio que deben predicar

es para la Iglesia el principio de toda su vida en todas las épocas. Por eso los Apóstoles se preocuparon de establecer sucesores en esta sociedad jerárquicamente ordenada.

[...] Los obispos, por tanto, han recibido el ministerio de la comunidad para ejercerlo con sus colaboradores, los presbíteros y los diáconos. Presiden en lugar de Dios el rebaño del que son pastores como maestros de doctrina, sacerdotes del culto sagrado, ministros del gobierno de la Iglesia. Por tanto, así como es permanente el oficio concedido por el Señor individualmente a Pedro, el primero de los Apóstoles, y que ha de ser transmitido a sus sucesores, así también es permanente el oficio de los Apóstoles de pastorear la Iglesia, que ha de ser ejercido a perpetuidad por el sagrado orden de los Obispos. Por tanto, el sagrado Concilio enseña que los obispos, por institución divina, han sucedido a los Apóstoles en el puesto de pastores de la Iglesia, y que quien los escucha, escucha a Cristo; quien los desprecia, desprecia a Cristo y al que envió a Cristo (cf. Lc 10,16).

28. [...] Los presbíteros, sabios colaboradores del orden episcopal y su ayuda e instrumento, llamados a servir al pueblo de Dios, constituyen con su obispo un solo presbiterio, aunque destinado a oficios diversos. En cada una de las comunidades locales de fieles hacen presente de algún modo al obispo, al que están unidos con corazón confiado y generoso, asumen sus oficios y cuidados según su rango, y los ejercen con dedicación cotidiana. Bajo la autoridad del obispo, santifican y gobiernan la porción del rebaño del Señor que les ha sido confiada, en su sede hacen visible la Iglesia universal y aportan una gran contribución a la edificación de todo el cuerpo místico de Cristo (cf. Ef 4,12). Siempre atentos al bien de los hijos de Dios, deben poner su celo en contribuir a la labor pastoral de toda la diócesis, es más, de toda la Iglesia. Por esta participación en el sacerdocio y en la labor apostólica del obispo, los presbíteros deben reconocerlo como su padre y obedecerle con amor respetuoso. Considere, pues, el obispo a los presbíteros, sus cooperadores, como hijos y amigos, como Cristo llama a sus discípulos, no siervos, sino amigos (cf. Jn 15,15). Por tanto, debido a su orden y ministerio, todos los presbíteros, diocesanos o religiosos, están asociados al cuerpo episcopal y, según su vocación y gracia, sirven al bien de toda la Iglesia.

En virtud de la comunidad de ordenación y de misión, todos los presbíteros están ligados entre sí por una íntima fraternidad, que debe manifestarse espontánea y voluntariamente en la ayuda mutua, espiritual y material, pastoral y personal, en los encuentros y en la comunión de vida, de trabajo y de caridad.

Preguntas para una conversión a la sinodalidad:

1. ¿Cómo podemos ayudarnos mutuamente a entender el ministerio episcopal como una vocación, y no simplemente como un ejercicio de jurisdicción? ¿Cuáles son los obstáculos y los recursos para una conversión en este sentido?

2. ¿Qué espacios de corresponsabilidad sacerdotal deberían incrementarse en nuestra diócesis, de modo que obispos y presbíteros compartan efectivamente la responsabilidad de guiar a la comunidad cristiana diocesana? ¿Cómo organizar y salvaguardar estos espacios de corresponsabilidad?

3. ¿Qué contribución real pueden hacer los laicos, religiosos, religiosas y diáconos de nuestra diócesis para ayudar a los obispos y presbíteros a vivir su servicio de una manera más sinodal? ¿Cuáles son los límites y cuáles las oportunidades?

1.4. Para reflexionar

De la carta del papa Francisco a los presbíteros de la diócesis de Roma (5 de agosto de 2023):

La mundanidad espiritual es una tentación "suave" y, por esta razón, aún más insidiosa. En efecto, se infiltra sabiendo esconderse bien detrás de las buenas apariencias, incluso dentro de las motivaciones "religiosas". [...] Cuando penetra en el corazón de los pastores, adopta una forma específica, la del clericalismo. Perdonad que lo repita, pero como sacerdotes creo que me entendéis, porque también vosotros compartís lo que creéis de corazón, según ese hermoso rasgo típicamente romano (¡romanesco!) por el que la sinceridad de los labios sale del corazón, ¡y sabe a corazón! Y yo, como anciano y de corazón, tengo ganas de decirte que me preocupa cuando volvemos a caer en las formas del clericalismo; cuando, tal vez sin darnos cuenta, mostramos a la gente que somos superiores, privilegiados, colocados "por encima" y, por tanto, separados del resto del pueblo santo de Dios. Como me escribió una vez un buen sacerdote, 'el clericalismo es un síntoma de una vida sacerdotal y laical tentada de vivir en el papel y no en el vínculo real con Dios y los hermanos'. En definitiva, denota una enfermedad que nos hace perder la memoria del Bautismo que hemos recibido, dejando en segundo plano nuestra pertenencia al mismo Pueblo Santo y llevándonos a vivir la autoridad en las diversas formas de poder, sin darnos cuenta de la duplicidad, sin humildad pero con actitudes desapegadas y altivas.

Concluir rezando de la **primera Carta de Pedro 5,1-14:**

A los presbíteros entre vosotros, yo presbítero con ellos, testigo de la pasión de Cristo y partícipe de la gloria que se va a revelar, os exhorto: pastoread el rebaño de Dios que tenéis a vuestro cargo, mirad por él, no a la fuerza, sino de buena gana, como Dios quiere; no por sórdida ganancia, sino con entrega generosa; no como déspotas con quienes os ha tocado en suerte, sino convirtiéndoos en modelos del rebaño. Y, cuando aparezca el Pastor supremo, recibiréis la corona inmarcesible de la gloria. Igualmente los más jóvenes: someteos a los mayores. Pero revestíos todos de humildad en el trato mutuo, porque Dios resiste a los soberbios, mas da su gracia a los humildes.

Así pues, sed humildes bajo la poderosa mano de Dios, para que él os ensalce en su momento. Descargad en él todo vuestro agobio, porque él cuida de vosotros. Sed sobrios, velad. Vuestro adversario, el diablo, como león rugiente, ronda buscando a quien devorar. Resistidle, firmes en la fe, sabiendo que vuestra comunidad fraternal en el mundo entero está pasando por los mismos sufrimiento.

Y el Dios de toda gracia que os ha llamado a su gloria eterna en Cristo Jesús, después de sufrir un poco, él mismo os restablecerá, os afianzará, os robustecerá y os consolidará. Suyo es el poder por los siglos. Amén.

Os he escrito brevemente por medio de Silvano, al que tengo por hermano fiel, para exhortaros y para daros testimonio de que esta es la verdadera gracia de Dios. Manteneos firmes en ella. Os saluda la comunidad que en Babilonia comparte vuestra misma elección, y también Marcos, mi hijo. Saludaos unos a otros con el beso del amor. Paz a todos vosotros, los que vivís en Cristo.

2. RENOVACIÓN DE LA VIDA ECLESIAL
EN PERSPECTIVA SINODAL

PARA UN CONSEJO PRESBITERAL
O PARA EL GRUPO DE DIRECTORES DE OFICINAS DIOCESANAS
O PARA EL CONSEJO DE VICARIOS Y DELEGADOS EPISCOPALES

Queremos examinar cómo estamos acompañando al presbiterio con su obispo a una conversión pastoral según el espíritu de la sinodalidad y proponer un itinerario formativo renovado partiendo de la realidad y de las necesidades de una Iglesia sinodal. El trabajo de comparación y evaluación propuesto puede concebirse también ampliando la participación a otros presbíteros y/o diáconos, y/o laicos a los que se reconozca un carisma adecuado para ayudar en el discernimiento.

1- En una primera reunión, se trabaja primero personalmente y luego se pone en común en pequeños grupos o todos juntos. En cada caso, se recogen conclusiones resumidas que se pondrán a disposición de la siguiente reunión:

1. **Intento describir la realidad del presbiterio en nuestra diócesis:**
   » ¿cuáles son los aspectos positivos en nuestros presbíteros? ¿Cuáles son los elementos de fragilidad?

2. **Pienso en la relación entre los presbíteros diocesanos y su obispo:**
   » ¿cómo la evalúo? ¿Cuáles son los aspectos positivos? ¿Qué elementos de fragilidad encuentro?

3. **Pienso en la relación entre los presbíteros diocesanos y las demás vocaciones presentes en el tejido eclesial de nuestra diócesis:**
   » ¿cuáles son los puntos fuertes? ¿Cuáles son los puntos débiles?

4. **¿Qué creo que necesitan nuestros presbíteros para crecer en la visión sinodal de su ministerio?**

2. En una segunda reunión, se invita a un experto para que nos ofrezca una reflexión estructurada sobre la situación de la Iglesia en nuestra realidad nacional y dentro del proceso sinodal de la Iglesia universal, con especial atención al papel de los presbíteros en el contexto de los cambios de época que estamos viviendo.

3. En una tercera reunión, los resúmenes surgidos de la primera reunión (reelaborados por un pequeño equipo de secretaría de 2-3 personas) se comparan con lo escuchado en la segunda reunión. Las siguientes preguntas pueden servir para favorecer la comparación y la profundización:

» A la luz de lo surgido en la primera reunión (mirada a la realidad) y en el horizonte de la realidad presentada en la segunda, ¿cuáles son las fortalezas y recursos con los que podemos contar para pensar un camino de crecimiento y actualización de nuestros presbíteros?

(N. B.: los puntos fuertes no son necesariamente internos al presbiterio o a la Iglesia misma; por ejemplo, la presencia de algunas facultades universitarias o experiencias de cooperación social a las que pedir ayuda para la formación humana de los presbíteros podría ser un punto fuerte).

» En cambio, ¿cuáles son los puntos débiles que necesitan más atención y cuidado y a partir de los cuales se debe basar el trabajo de formación?

(N. B.: es bueno que surjan 2-3 puntos y no más: no se pueden abordar todos los puntos débiles, con el riesgo de dispersión y de cultivar una sensación de fracaso. Al mismo tiempo, es necesario tener puntos de partida para empezar y revisar lo que se quiere proponer que sea nuevo o transformador con respecto a lo existente).

4. En una reunión final se elabora una propuesta concreta, factible y verificable, con un calendario de fechas, lugares, duración y responsables de las reuniones y actividades propuestas (cf. propuesta 3.2).

Es importante acostumbrarse a facilitar espacios de verificación, tanto con los destinatarios de la propuesta (que pueden ser los propios presbíteros, pero también los diáconos, el clero, los laicos y laicas implicados en procesos de formación compartida), como entre los miembros del grupo promotor (el propio consejo presbiteral o el equipo ampliado que se haya constituido). Debe preverse siempre la presencia activa y coparticipante del obispo.

3. REFORMA PASTORAL
DOS PROPUESTAS

3.1. Propuesta
Para una diócesis

Uno de los aspectos más delicados e importantes a la hora de generar corresponsabilidad y compartir el liderazgo pastoral de una diócesis es el de la comunicación. Se trata de un elemento fundamental, que no puede dejarse a la improvisación en el contexto sociocultural actual.

Se sugiere crear una oficina o comisión que se ocupe de la comunicación en la diócesis, formada por algunos expertos en la materia y una o dos figuras que actúen de "pegamento" con la secretaría del obispo y las oficinas pastorales, y también con el presbiterio y las parroquias.

Se sugieren varias iniciativas importantes, que se podrían activar según los tiempos que respeten las exigencias locales:

1. Realizar un curso de formación para el obispo y los presbíteros sobre los aspectos fundamentales de la comunicación eficaz para quienes ejercen un papel de liderazgo.

2. Realización sistemática de encuentros presenciales y/o en línea para miembros del clero y ministros instituidos de la diócesis, en los que se les capacite para hacer un uso eficaz de los medios de comunicación y potenciar los recursos relacionales inherentes a una vida espiritual profunda.

3. Organizar algunos medios de comunicación social propios de la diócesis (redes sociales, página web, revista o boletín diocesano, etc.), para que la comunicación sea eficaz, teniendo en cuenta a todos los actores que deben participar en el tejido eclesial diocesano.

4. Crear sistemáticamente una red de intercambio de información y comunicación entre la diócesis y las instituciones y realidades asociativas del territorio, para dar informaciones y recibir sugerencias de actividades.

3.2. Propuesta
Para el presbiterio diocesano

El objetivo es permitir a los presbíteros disfrutar de un espacio de intercambio y amistad para soportar juntos las fatigas, ansiedades y temores inherentes a su ministerio y cultivar su vocación en una dimensión relacional fraterna, conscientes del riesgo de mundanidad que encierra un estilo de vida demasiado individualista.

Se sugiere:

» Organizar el presbiterio en pequeños grupos, creados por afinidad personal o espiritual, o por otros criterios que fomenten la motivación para reunirse (por ejemplo, afinidad pastoral, de realidades sociales y territoriales análogas, o proximidad de la edad de ordenación).

» Designar una persona de contacto para cada grupo, que debe estar en comunicación con el obispo o su vicario, para favorecer la comunicación sobre el estado de salud del propio grupo.

» Proponer que los grupos se reúnan periódicamente con la mayor regularidad posible, para compartir e intercambiar durante media jornada, alternando momentos de espiritualidad basados en la Palabra de Dios o en un texto significativo desde el punto de vista de la fe, con espacios de esparcimiento, compartir fraterno y relajación.

» Elaborar un calendario que favorezca la custodia de estos momentos de comunión fraterna, atendiendo —también con la ayuda de otros presbíteros diocesanos— a las necesidades o urgencias pastorales que puedan obstaculizar la fidelidad para realizarlos.

N. B.: es importante tratar de mantener estos grupos en una perspectiva fraterna, de compartir la vida y la amistad, sin dejar que se deslicen hacia ámbitos de práctica o de programación pastoral.

BREVE
BIBLIOGRAFÍA

Escanea este código QR
para acceder a la Biblioteca
de Sinodalidad.

BORRAS A., "L'eveque diocesain, son Conseil Episcopal et le Conseil Presbyteral au service du governement du diocese", *Studia canonica* 139 (2015) 111-138.

CANOBBIO G. ET ALII, *Il vescovo e la sua Chiesa*, Morcelliana, Brescia 1996.

CANOBBIO G., *Verso un nuovo volto della Chiesa? Teologia del sinodo*, Morcelliana, Brescia 2023.

CASTELLUCCI E., *La dimensión eclesial del presbiterio diocesano*, in *Seminarios sobre los ministerios* 66 (229) 179-195.

CASTELLUCCI E., "Los pastores del mañana : El perfil del sacerdote del futuro", *Seminarios sobre los ministerios* 69 (233) 67-78.

DIANICH S., *Teología del ministerio ordenado. Una interpretación ecclesiológica*, Paulinas, Madrid 1988.

FRAUSINI G., *Il presbiterio. Non è bene che il vescovo sia solo*, Cittadella, Assisi 2007.

LEGRAND H. – THEOBALD CHR. (eds.), *Le ministère des évêques au Concile Vatican II et depuis*, Cerf, Paris 2001.

LEGRAND H. M., "Les évêques, les Églises locales et l'Église entière", *Revue des Sciences Philosophiques et Théologiques* 85 (2001) 461-509.

LEGRAND H. M., "Ministerios en la Iglesia local", en B. LAURET – F. REFOULÉ (eds.), *Iniciación a la práctica de la teología*, II, Cristiandad, Madrid 1985, 138-319.

MADRIGAL S., "Servidores del evangelio. Teología y praxis del ministerio episcopal", *Sal Terrae* 102 (2014) 815-832.

Noceti S. – Repole R. (edd.), *Il prete: il suo ministero, le sue relazioni*, Glossa, Milano 2023.

Noceti S., "Ministerio y potestas. Una reflexión teológica sobre el ministerio ordenado y el poder en los documentos del Concilio Vaticano II", *Revista Seminarios* 67 (2022) 231, 37-62.

Repole R., "Il vescovo nel suo presbiterio. Ripensare oggi la realtà del presbiterio", *La Rivista del clero italiano* 98 (2017) 405-419.

Sesboüé B., *¡No tengais miedo! Los ministerios en la Iglesia hoy*, Sal Terrae, Santander 1998 (or. 1996).

Taborda F., *A igreja e seus ministros: uma teología do ministério ordenado*, Paulus, Sâo Paulo 2011.

ÚNETE A LA
"RED DE EXPERIENCIAS Y PRÁCTICAS SINODALES"

Hemos creado la "**Red de Experiencias y Prácticas Sinodales**", un espacio destinado a compartir y celebrar las búsquedas y aprendizajes de cada comunidad. Este es un lugar donde podemos inspirarnos mutuamente, contagiarnos de esperanza y motivarnos a seguir avanzando.

En esta red, todos podemos aportar y aprender. Queremos escuchar tu voz y conocer las prácticas sinodales que has implementado en tu comunidad. Ya sea una pequeña iniciativa local o un proyecto más amplio, cada experiencia tiene el potencial de enriquecer a otros y de impulsar aún más el camino sinodal.

Te invitamos a unirte a esta red de intercambio y apoyo mutuo. Escanea el código QR y comparte tu experiencia completando el formulario. Tu historia puede ser el aliento que otra comunidad necesita para continuar su propio camino de renovación.